AF188800

FSC
www.fsc.org

MIX

Papier aus ver-
antwortungsvollen
Quellen
Paper from
responsible sources

FSC® C105338

Das kleine GeschichtenGedicht

Von AllerWeltsPoesie und JederMannsFrauLyrik

Tatjana Broek

Das kleine GeschichtenGedicht

Von AllerWeltsPoesie und JederMannsFrauLyrik

Tatjana Broek

Impressum

Copyright by Tatjana Broek

1. Auflage 2017 . überarbeitete 2. Auflage 2024

Herstellung und Verlag: BoD – Books on Demand, Norderstedt

ISBN: 9783744874687

Das Werk, einschließlich aller seiner Teile, ist urheberrechtlich geschützt. Alle Rechte vorbehalten. Jede Verwertung oder Vervielfältigung (auch auszugsweise) ist nur mit Genehmigung der Autorin zulässig.

Inhalt

Liebesweisen

Engelsweisen

Im Zauber der Jahreszeiten

Lebensweisen

Alltagsweisen

Allerlei

Liebesweisen

99 Amorismen

1.

als er bemerkte,

dass sie zu seiner Freude und nur zu seiner Freude da war

entspannte er sich

und

es wuchsen ihm Flügel

einer links und einer rechts

so hob er sie in seine Arme

und

trug sie auf seinen Schwingen leise davon

2.

sie lag auf seinem Bett

leise und unberührt

offen

wie ein neues Buch ~ ungelesen

ungeduldig darauf wartend, dass er seine Geschichten

aus ihr heraus erfand

in ihr las

in sie hineinzeichnete

und sich Seite an Seite darin vertiefte

3.

er versenkte sich in ihr

wie der Strohhalm im Cocktailglas

um bitzelnd wie die kleinen Blubberbläschen im Glas

auf und nieder zu tanzen

perlend wie Champagner

ihr Lachen in seiner Seele

4.

rauh

flüsterte er ihr

sein Lieblingslied ins Ohr

Gänsehaut

durchstreifte ihren Körper

während die Noten sacht

in ihrem Haar tanzten

5.

Wollen wir ein bisschen aneinander kuscheln?

Und ein bisschen miteinander muscheln?

Spielen wir Schach oder Mensch ärgere dich nicht?

Geld macht sexy.

Macht macht Geld sexy.

Du hast die Macht.

Und ich finde es sexy.

Geld spielt keine Rolle.

Wollen wir ein bisschen aneinander kuscheln!

Und ein bisschen miteinander muscheln!

6.

... und

noch 94 mal

ich liebe dich

Das DuGlück

Das Glück hat mich fest umschlungen

Hält mich sozusagen an der Leine

Mal länger ~ mal kürzer

Und immer fest im Griff

Getragen

Gehalten

Geborgen

Damit

Ich nicht abhandenkomme

Unverlierbar

Sozusagen

Hat mir seine Zeichen auferlegt

Sich eingezeichnet

Damit

Es mich im Alltag immer wieder findet

Und ich

Ich lasse mich gerne finden

Immer

Und immer wieder

Vom Glück

Und

Das Glück

Das bist

DU

Das kleine Glück

Das Glück

Es liegt auf meiner Fensterbank

Und schläft

Ganz selbstverständlich

Vier samtweiche Pfoten halten es in meiner Welt fest

Das Glück

Manchmal schnurrt es

Das Glück

Wenn es ausgeht, herumstreunert

Merke ich, wie verletzlich ich bin

In meiner Liebe

In meinem Vertrauen

In meinem Sein

Zum Glück

Kommt es immer wieder

Das Glück

Liegt auf meiner Fensterbank und schläft

Wenn ich es wahrnehme

Ganz sacht streichle

Schnurrt es

Das Glück

Vor Freude

Wie im richtigen Leben

Das Glück

Es liegt auf meiner Fensterbank

Und ...

Noch mehr Glück

Das Glück

Es kommt mit leiser Hand

Wird dadurch selten gleich erkannt

Es kommt mit leuchtend bunten Frühlingsboten

Und manchmal schmeichelnd auf vier Pfoten

Hat ein seidig weiches Fell

Verflüchtigt sich und wieder weg ~ ganz schnell

Und manchmal kommt es auch

In einem lauen blauen Sommerhauch

Eine Umarmung ~ ein Wort, das uns tief berührt

Uns bis in unsere Seele führt

Das kleine Glück lässt uns den Alltag vergessen

Verfangen in einem Glas Wein ~ einem köstlichen Essen

Wenn eine Blüte uns zu sich ruft

Uns verlockt mit betörendem Farbspiel ~ bezauberndem Duft

Ein Ton ~ Musik in uns erklingt

Unsere Seele frohlockt ~ tanzt und singt

Manchmal heißt Glück auch Trost und Schokolade

Kann so groß sein ~ dass ich es kaum zu fassen wage

Das größte Glück ist wohl die Liebe ~ unser schönster Traum

Ein Schweben mit Engeln, Raum an Raum

Ganz gleich, worin ich mein Glück sehen mag

Es begleitet mich wohlwollend

Tag um Tag

Nur

Nur die Seele des Geliebten

Vermag es

Mir so zu duften

Wie eine Rose

Im Sommer

Nur eine Rose

Im Sommer

Vermag es

Sich annähernd

In der Schönheit

Einer geliebten Seele zu spiegeln

Engelsweisen

Heimatlos

Pendeln zwischen den Welten

Rastlos und unentwegt

Gleich einem Perpetuum mobile

Und

Dreht sich dabei nur um sich selbst

Unentwegter Tanz wie im Kreis

Schneller und schneller

Unabdingbar

Heimatlos

Engelsgeflüster ~ EngelsGewisper

Als stille Begleiter

Mittler zwischen den Welten

Sie durchschreiten alle Räume

Offenbaren sie

Heimatlos

Zuhause in allen Welten

In den Welten jenseits der Welten

Ist die Heimat letztlich nur

In uns

In uns

In uns

Doch noch ein EngelGedicht

Ich und DU

Ich sitze hier vor Dir

Aufrecht ~ mehr oder weniger

Liege vor Dir

Aufgeschlagen

Wie ein offenes

Buch

Mit leeren Seiten

Blatt für Blatt

Und Du

Du zeichnest Deine Geschichten in mich hinein

Meine Geschichte

Mein Leben

Seite für Seite

Füllst Du mich ~ fühlst Du mich

Mit raschem, sicheren Strich

Manchmal

Verhalten

Manchmal ganz bunt

Grautöne wechseln sich mit schillernden Farben

Lässt Dich nicht festlegen

Auf Impressionen oder Expressionen

Füllst

Stetig Blatt für Blatt

Seite für Seite

Zeichnest Du ~ Zeichnest Dich in mich hinein

In meine Seele

In mein Sein ~ sie dient Dir zur Leinwand

Und wenn das letzte Blatt gefüllt hast

Klappst Du das Buch zu

Klemmst es Dir unter den Arm und entschwindest

Und mich

Mich nimmst Du mit

Hast du den Engel gesehen

Hast du den Engel gesehen?

Der dir durchs Haar gestreift

Dir leise über die Schulter geschaut

Und dabei Deine Wege berührt.

Hast du den Engel gefühlt?

Der Dein Sein beschaut

Und mit einem Lächeln geführt.

Hast du den Engel gehört?

Der dich leise gerufen

Deinen Namen gesungen ~ zart wie ein Hauch.

Hast du den Engel vernommen?

In Deinem Herzen

Und wahrgenommen:

Er ist es!

Und du bist es auch!

Ich sehe dich

Ich sehe dich

Und du bist nicht allein

Ein Engel begleitet dein Sein

Ich sehe dich

Und ich sehe mich

Sehe mich in dir

Sehe mich in deinem Reden

In deinem Gehen, deinem Ausdruck und deinem Sein

Sehe mich, verfangen in ähnlichen Räumen

Verwoben, in gleichen Träumen

Ich sehe dich

Und ich sehe mich in dir

Ich sehe Dich

Und du bist nicht allein

Ein Engel begleitet dein Sein

Ich sehe dich

Und ich sehe mich

Ein Engel begleitet mein Sein

Verloren Verfangen Gefunden

Sterne verlieren Engel

SamtBlumenHimmelBlau

Ich

Fange ZauberMeere

Hol mir

SonneMondundZeitenTraum

Im Zauber der Jahreszeiten

Frühling

Frühling

Verharrt ganz still

Hält den Atem an

Festgefroren in der klaren Luft

Des Schneezaubers

Ein herrlich

Klarer eigenartiger Duft

Schwebt über den Straßen der Stadt

Er

Ist noch einmal zurückgekommen

Nur

Ganz kurz

Als ob er sich

Noch einmal in der Tür umgedreht hätte

Um Adieu zu sagen

Gestern

Blinzelten die Krokusse durch den Frost

Hinauf in die Sonne

Noch

Zaghaft in ihren leuchtenden Farben

So zaghaft

Wie die Sonne sie zärtlich mit ihren Strahlen streichelte

Heute

Knirschen die Schritte im Schnee

Irgendwo

Klirrt Glas im Container

Als ob die springenden Scherben

Dem Winter letztes Geleit erweisen wollten

Heute

Halten die Krokusse ihren letzten Schönheitsschlaf

Um morgen

Mit dem Frühling um die Wette zu brillieren

Abschied singend

Wenn der Winter weinend geht

FrühlingsLauschen

Des Nachts

Schon fast im Morgengrauen

Ein einsam fröhlich Lied erklingt

Den Mond

Sah ich von weitem schauen

Wer den Frühling hier ersingt

Leis

Stand sie auf

Strich sanft ihm seine Hoden

Zupft die Decke ihm zurecht

Lauscht versonnen

Dem ersten Frühlingsboten

Und kuschelt wieder sich ins Bett

Hört noch fernleis

Schneeglöckchen, Efeublatt und Blaustern wispern

Dass es nun doch und bald so weit wäre

Hört sie

Im Traum noch lange flüstern

Des Frühlings erste Zier

Um des Morgens

Welche Wonne

In die Platanen aufzuschauen

Sehen

Es blinzelt die Sonne

Es war nicht nur ein Frühlingstraum

Hommage an Eduard M.

Frühling nahm sein blaues Band

Und den Tuschekasten sich zur Hand

Zog wohlgelaunt durchs ganze Land

Und kurz darauf

Man aller Ortens fand

Herrlich bunte Blütenträume

Schmetterlings ~ hauchzart ~ grüne ~ Bäume

Klang ~ dufterfüllte süße Räume

Zeit und Raum - für Liebesträume

Was der Frühling

Ganz entzückend fand!

Hesch du sell Blimli gsehne

hesch du sell Blimli gsehne

des kropfige, dert driwwe

ganz klei un butzig

häds driber nus guckt

häd sin Gsichdli,

ganz vorsichdig in`d Sunn gschdreckd

häd sich schier nit traud

un dann häts aller Muet zämme gnumme

un häd sich nus druckt

us de Erd

un gfreit häd sich`s,

so arg,

dass es fascht selber ä bissel verschrocke isch

un dann häd sich`s geschdreckd

un gräckeld, un immer länger isch`s wore

un au ebbes gräßer,

un immer noch ä bissel bunder

bis es schließli ganz do war

im Wind häd sich`s gwiegt

wie ä kleini Schaugel

un ganz lieslich gsunge häd`s

wie ä kleins Glöäggel

im Konzerd, mid de Vöägel

un danzd häd`s

mid de Schmedderling

Sunn häd druf guckd

un`s mit ihre Schdrahle ä bissel gekidzeld

de Wind häds ganz licht gschdricheld

un de Reije häds küsst

schen war`s

un so gued

so gued war`s im Summer

(Hommage ans Hanauerland)

Herbst

Des Jahres Krug ~ randvoll und süß

Mit bunten Früchten ~ herrlichen Farben

Ergießt sich nun ~ mit einem Mal

Über die Erde

Taucht Bäume ~ Sträucher ~ Blätter in Bunt

Goldens Licht

Gemalt, an den stahlblauen Himmel

Verzaubert

Die Sonne ~ alle Sinne

Betörend

Dampft die Erde

Bis zu den ersten Frostschimmern

Nach sternenklarer Nacht

Raureif

In bauschigen Schwaden

Glitzernd aus dem Gras steigt

Scheint

Die Natur, ihr festlichstes Gewand zu tragen

Für einen letzten langen Tanz ~ sich zu berauschen

Bevor

Sie sich ~ einen Winter lang

Dem Schlaf in Eisblumen hingibt

HerbstLaub

Des Jahres Krug ist fast geleert

Wind und Sonne spielen auf

Laden ein zum süßen Reigen

Blätter tanzen ihren letzten Tanz

Eh der Regen

Prasselnd trommelnd sie fortnimmt

Mit den letzten Tagen des Jahres

Damit Neues bald erblühen kann

NovemberSonne

Es schneit

Blätter

Wenn sich der Wind in den Bäumen verfängt

Graziöse

Segeln

Schweben zur Erde

Sonnenstrahlen

Kokettieren mit den Farben

Und spiegeln sich eitel

In ihren bunten Schatten

Ein leises Raunen

Durchzieht die Bäume

Der Wind spielt

Seine eigenen Lieder

Schlürt mit langem Atem sch-sch-sch

Durchs gefallene Laub

Goldene Taler

Durchtänzeln die Lüfte

Drehen anmutig ihre Pirouetten

Gleiten im Sturzflug dahin

Das goldene Dach

Wird zu Erde

– feucht und kühl –

Atmet der November

Ringt kokett

Mit einem letzten Herbststrahlen

Nach dem Winter

Schatten

Es ist die Zeit der langen Schatten

In Feld und Wald

Auf Fluren und Matten

Ein jeder Stein

Wirft schmal und dunkel

Mag er auch noch so klein

Mit frostigem Gemunkel

Zeichnet sie auf Welt und Weg

Unermüdlich fein und tief hinein

Zart und leis

Verbirgt sie vor den Sonnenstrahlen

Auf des Winters frostigem Geheiß

Es ist die Zeit der langen Schatten

Die Zeit der Stille und der Ruh

Nebelschleier, frostig weiß vorüber waten

Der Wind singt leis

Sein eisiges Lied dazu

Die Zeit der langen Schatten

Die uns so kühn umfängt

Einhalt gebietet

Still zu erwarten

Rauhnächte, weiches Licht

Der Segen dessen was uns alle

Gütig weise trägt und lenkt

Es ist die Zeit der langen Schatten

Und irgendwo ein kleines Licht

Uns still in uns erhellt

Lebensweisen

Berlin

oder die Stadt

Sie fängt dich ein ~ die Stadt

Mit ihren teilnahmslosen Gesichtern

In der U-Bahn

Fängt sie dich ein

Bis du selbst ins Leere blickst

Die Stadt

Sie fängt dich ein ~ die Stadt

Mit ihrer hektischen Betriebsamkeit

Des Alltags

Fängt sie dich ein

Bis du selbst im Lärm versinkst

Die Stadt

Sie fängt dich ein ~ die Stadt

Mit ihrem Bäumeglühn beim Sonnenspiel

Im Lichtermeer

Fängt sie dich ein ~ die Stadt

Bis du selbst ein Licht bist

Der Stadt

Nur ein AugenBlick

Lebe im jetzt

Im Augenblick

Was gestern war

Ist heute schon verzerrt

Verhüllt

Vom Schleier des Vergessens

Was morgen ist

Wage nicht zu erahnen

Allein der Augenblick lebt

Wie schade ist es

Ihn gerade jetzt

Zu versäumen

Der Tanz

Es ist vertrackt

Mit dem Takt

Eins – zwei – drei und Wiegeschritt

Füße kommen kaum noch mit

Vorwärts – rückwärts – seitwärts gehn

Chasseeschritte, drehn und stehn

Arme, die graziös zu halten

Trotz tosenden Musikgewalten

Füße, die ein Eigenleben

Pirouetten drehen – Körper schweben

Walzer – Tango – ChaChaCha

Musik erschallt mit rumtatata

Und auf ernsten Tänzermienen

Spiegelt sich gar komisch Grienen

Ein harter Traum von Eleganz

Der Tanz

PianoSpiel

Pianospiel der Welt entrückt

Gestenreich

In sich selbst verzückt

Taste um Taste

Wortlos spielerisch verliebt

Leichtigkeit

Ton um Ton

Schwebt theatralisch ~ erhaben davon

Sturmgewalten . Liebesglühn und Eigensinn

Fängt die Klänge innen drin

Und lässt sie wieder frei

Inszeniert sich selbst

Inszeniert das Stück

Huldigt sich selbst

Und der Musik

Eingeladen

Gefangen

Freigelassen

Tanzend

Frei wie das Glück

Nur

Ein Pianostück

Weißt Du

Weißt du, wie nahe Genie und Wahnsinn beieinanderliegen?

Hast du die Tränen im Lachen gesehen?

Sind wir nicht alle wie Clowns unseres eigenen Alltags?

Verfangen im eigenen Sein

Mehr oder weniger?

Weißt du, wie nahe das Licht am Schatten liegt?

Hast du je das Blitzen der Dunkelheit gesehen?

Sind wir nicht alle wie kleine Polarlichter

Mehr oder weniger?

Ein lichter Schweif

Ein wärmendes Licht

Verfangen in Dunkelheit und ewigem Eis?

Weißt du, wie nahe der Tanz des Lebens am Grabe liegt?

Sind wir nicht alle Gefangene unseres eigenen Tanzes?

Und was wirkt in uns köstlicher

Als die eigene Erfahrung?

Das Licht des Lebens

Im eigenen Leben

Im eigenen Sein

- kosten ~ spüren ~ erleben und erfahren -

Weißt du, wie köstlich das Leben ist?

Ewiger Tanz zwischen Wahnsinn und Genie

Weißt du?

Ich glaube

DU

Weißt es!

Manchmal

oder

Das Lebenskostüm

Jeder hat es

Es sitzt wie angegossen

Maßgeschneidert so zu sagen

Und dennoch

Passt es selten perfekt

Das Lebenskostüm

Wir kommen in die Welt

Manch einer mit dem kompletten Schnittmuster

Bereits in seinem Kopf

Und Einige

Ganz ohne Plan

Nehmen unseren Lebensfaden auf

Und

Beginnen zu wirken

Erst ganz fein

Mit zarten Maschen und einem Hauch von Farbe

Im Laufe des Lebens stricken wir daran

Manchmal ganz mutig

Überschwenglich

In leuchtenden, überbordenden Farben

Überschwenglichen Gefühlen

Manchmal

Ganz leise und sacht

Fast schon verhalten

Am liebsten

Stricken und weben wir

An den Lebenskostümen, der anderen

Haben tausend Ideen

Für immer neue

Vermeintlich bessere Farben und Muster

Und

Verstricken uns selbst darin

Verbandeln uns gerne

In den Lebenskostümen, der Mitwebenden

Nennen es Familie, Freunde, Bekannte oder Kollegen

Weben unsere Fäden hinein

In das Lebenskostüm der anderen

Und diese bei uns

So wird gewoben und gewirkt

Geschnippelt, gezuppelt und gezogen

Bewundert und kritisiert

Geduldet und ausgehalten

Gestaunt, wie es sich unaufhaltsam wirkt und wirkt

Manchmal

Zieht das Leben

Einen Faden aus unserem Lebenskostüm

Reißt gar

Ein Loch hinein

Mitunter

Kommt es uns vor

Wie ein alter, lieb gewordener Strickpullover

Aus köstlicher Wolle zwar

Und im Laufe seines Daseins

Vom Universum und vom Leben

In die Mangel genommen

Mehr oder weniger

Ein bisschen abgewaschen ~ abgeliebt

Die Farben teils verblasst

Die Muster in die Jahre gekommen

Mit kleinen Fusseln, Knoten und Ribbelchen daran

Vielleicht sogar

Ein wenig eingelaufen

Zu eng geworden

Es sitzt und kneift und drückt

Und ist uns doch

So lieb geworden

Wenn es so gar nicht mehr passen will

Dann nennen wir es Midlife-Crisis oder Pubertät

Wir ribbeln ein bisschen auf

Die Mutigen

Ein wenig mehr

Den Furchtsamen,

Wird schnell zu kalt

Wenn das Lebenskostüm so weit offensteht

Und dann stricken wir wieder neu

Mit alten oder neuen Fäden

Meist mit beidem

Weben Muscheln und Blüten hinein

Farben, Gedanken, Ideen, Gefühle

Und unsere Träume

Wolkengarn

Manchmal reißt uns das Leben aus unserem Lebenskostüm

Oder wir winden uns aus ihm hinaus

Und entschwinden

Manch einem ist es vergönnt,

Das Lebenskostüm am Ende seines Daseins

Einfach abzustreifen

Es zusammen zu legen

Um es noch einmal liebevoll zu betrachten

Bevor es im Schrank der kosmischen Erinnerungen Entschwindet

Erfahrungsschatz ~ ausgedient

Sich dort

Einfach

Irgendwann auflöst

In Wohlgefallen

Hoffentlich

Das Lebenskostüm

Zur Mutter gehen

Zur Mutter gehen

In der Reihe stehn

Schritt um Schritt

Mit sich selbst gerungen

In die Knie gezwungen

Sich hingegeben

Den Segen erleben

Haupt gebeugt

Einen Moment beäugt

Und da

Geschieht etwas

Winzig der Augenblick

Groß

Das kleine Glück

Beseelter Blick

Auf dem Weg zurück

Zur Mutter gehen

In der Reihe stehn ...

Alltagsweisen

Von kleinen und großen Tieren auf Reisen

Der Wind blies kühl durch die Eingangstür und ich zog die Jacke fester um mich. Vor wenigen Stunden hatte ich noch auf der Sonnenterrasse gesessen, das alt ehrwürdige Hotel in meinem Rücken und einen Espresso, ein Glas Cava vor mir – dazu den atemberaubenden Blick auf den Hafen, das Meer und die Stadt zu meinen Füssen.

Hatte einfach dagesessen und es hemmungslos genossen – mich gefühlt wie die Prinzessin aus 1001 Nacht. Und dann hatte mich das Taxi mitgenommen, den Berg in rasanter Fahrt hinunter befördert, wo mich die Stadt verschluckte – um mich erst am Flughafen wieder auszuspucken. Und da saß ich nun, blickte durch das ovale Fenster aufs Rollfeld hinaus und in die Abendsonne. Hing meinen Gedanken und Bildern nach, als mich eine Stimme aus meinen Träumen riss.

„Schatzi-Mausi! Du darfst am Fenster sitzen!" – verkündete eine fröhliche Stimme dröhnend, die einem braun gebrannten Endfünfziger in jugendlicher Kleidung gehörte. Manche Menschen hat die Natur mit einem beneidenswerten Organ ausgestattet.

Ich wagte einen Blick nach hinten: Schatzi-Mausi entpuppte sich als ein Rasseweib von Anfang dreißig mit langen schwarzen Haaren und rotem Kussmund – und glitt elegant in den Sessel.

„Und du Schatz", fragte Schatzi-Mausi, „magst du nicht zu mir sitzen?" „Nein!", verkündete der Angesprochene laut lachend, „jetzt habe ich extra drei Sitze gekauft –

damit wir Platz haben – wenn ich zu dir kuscheln will, dann mache ich das heute Nacht!"und schien sichtlich erfreut über seinen Scherz.

Schatzi-Mausi verzog den roten Kussmund zu einem niedlichen Schmollmund und verschwand hinter einer Hochglanzzeitschrift – während Schatz sich immer noch prächtig amüsiert in den Sessel plumpsen lies.

Mein Blick wanderte ziellos in den Abendhimmel und meine Gedanken verloren sich in den Straßen von Barcelona – durchstreiften die unzähligen Gassen und traumschönen Jugendstilhäuser und blieben bei Roberto Fernandez hängen. Roberto, der mit einer riesigen Schere und einem beglückten Lächeln in seinem winzigen Laden hantierte. Begleitet von seinen zwei besten Freunden: Maria Callas und Luigiano Pavarotti. Die Oper von Puccini hatte bis auf die Straße geklungen, liebevoll untermalt von Robertos sonorer Stimme. Zauberhafte Kleidungsstücke reihten sich an langen Stangen aneinander und keines glich dem anderen. Roberto war ein Künstler auf allen Ebenen. Strahlend hatte er mir einen Poncho umgehangen, hier gezuppelt und da gestrichen, mich gedreht und bewundert von allen Seiten wie eine Königin – um mir das edle Stück schließlich zum halben Preis zu überlassen – denn es sei nur und wie für mich gemacht. Roberto sang glücklich. Und ich erzählte ihm von Maria Callas, meiner ersten großen Liebe – ‚Ma Mama morta', die mich zu Tränen gerührt hatte. Und er lachte beglückt: „Ja, die Callas. Niemand konnte die Nora so schön singen wie sie. So viele Männer und doch keine Liebe, doch kein Glück." Er sang und schwatzte in einem perfekten Englisch mit diesem spanischen Akzent, der sich so sehr nach Urlaub anfühlte. Reich war Roberto nicht – aber unendlich glücklich. Ich versprach, wieder zu kommen.

Mittlerweile war die Maschine in der Luft und schwebte leise surrend über den Wolken in den Nachthimmel hinein. Das Flugzeugballett erklärte die Sicherheitsanweisungen und versorgte die Reisenden mit Getränken und allerlei Waren, die es irgendwo anders wahrscheinlich preisgünstiger gab und mit Losen.

„Schatzi-Mausi! Du bist meine Glücksfee!" – riss Schatz mich aus meinen Gedanken. Da hörte ich es auch: „7 Lose, 5,00 Euro!" „Wir nehmen 2!" – verkündete Schatz. Schatzi-Mausi zog 2 Lospackungen und der freundliche Steward bat um 10,00 Euro. „Wieso 10,00 Euro?" – fragte Schatz empört. Der Steward erklärte geduldig, das 1 Lospackung 5,00 Euro und zwei Lospackungen, dementsprechend 10,00 Euro kosten würden. Das leuchtete Schatz ein und er bezahlte. Einige Zeit war nur das Ritschen und Ratschen von Papier zu hören und schließlich ein empörtes: „Lauter Nieten! Das ist Betrug! Mäuschen, da hast du mir kein Glück gebracht!" Mäuschen antwortete nichts und Schatz stellte schließlich zufrieden fest: „Nun denn – dann haben wir wenigstens den armen Waisenkindern ein gutes Werk getan!"

Das Rasseweib bislang stumm – tauchte ruckartig hinter dem Hochglanzblatt auf und stellte eindeutig und mit Nachdruck fest: „Die sind doch alle gebotoxt!" Was Schatz mit einem lapidaren: „Das schenke ich dir auch." und ausgiebigem Tätscheln des ‚Mauseschenkelchens' bekräftigte. Worauf die ‚Rassemaus' wieder hinter ihrer Lektüre verschwand und ich in meinen Tagträumen.

Eingetaucht in den Farben der Regenbogenfische die durch die Kirche tanzten. Unendliche bunte Lichtpunkte auf edlen Böden, Wänden, Säulen und Bögen. Ein Wunderwerk, durchdrungen von der klaren Stimme einer schönen Unbekannten, die hingebungsvoll das Ave Maria sang.

Niemals zuvor habe ich ein ergreifenderes Bauwerk gesehen. Licht. Licht. Licht. Getragen von steingewordenen Pflanzenmetamorphosen. Hinaufgeschwungen in atemberaubende Höhen. Durchflutet von berauschenden Farben. Regenbogen verfangen in Fensterglas, freifliegend zum Entzücken des Betrachters. Genie oder Wahnsinn. Wie nahe beides doch beieinanderliegen muss. Welch eine Pracht, welch eine Vielfalt muss in Gaudis Geist in seiner Seele sein. In mir schwang Ehrfurcht. Immer noch.

„Schatzi-Mausi! Ich will einen Hund!" – riss Schatz mich jäh aus meinen Gedanken. Schatzi-Mausi hob die Augenbrauen. „Nein! Ich will nicht!" – „Wie du willst nicht?" – „Ich will nicht!" – „Du kannst doch nicht nein sagen, wenn ich ja sage!" Damit eröffnete sich eine längere Diskussion um Hund oder nicht Hund, die schließlich darin gipfelte, dass Schatz lauthals verkündete: „Dann hole ich mir eben einen Hund aus dem Tierheim. Und dann fahre ich drei Wochen mit ihm in Urlaub und wenn du ihn dann nicht willst, dann bringe ich ihn halt wieder zurück. Dann habe ich wenigstens auch mal einen schönen Urlaub gehabt! Was sagst du jetzt Maus?" – „Ich will keinen Hund!" – „Maus! Du bist halt einfach eine dumme Gans!"

Ich hatte vor kurzem mit großer Skepsis eine Studie gelesen, die darlegte, das rund 95% der Bevölkerung einen IQ zwischen 80 und 100 hätten – in diesem Moment war ich mehr als geneigt, der Studie Glauben zu schenken. Außerdem war damit den Gänsen sehr Unrecht getan.

Der Herr neben mir fluchte leise und entschuldigte sich mit einem freundlichen Lächeln. „Der Bursche macht mich echt fertig", sagte er lachend und hielt seinen kleinen Schachcomputer in die Höhe. „Auf welchem Level spielen sie denn?" „Acht, sagte er fast beschämt."

Ich fragte: „acht von zwölf?" Er nickte und ich pfiff leise durch die Zähne: „Respekt!" „Spielen sie auch?" – wollte er wissen. „Mmmmmh – nur leidlich." Und während ich mir vorstellte, wie sein kleiner Rechner den Totalabsturz erlebte, weil er sich kaputt lachte, wenn ich auf Stufe 1 gegen ihn antrat, versank der freundliche Herr wieder in sein Spiel.

Ich lehnte mich zurück und erwog, wieder in die alten Gassen einzutauchen. In der Reihe hinter mir war erneut eine Diskussion um ‚ich weiß nicht, was', entflammt. Schatz polterte und die Rassemaus, inzwischen zur stattlichen Gans erwachsen, konterte was das Zeug hielt. Ganz großes Kino. Gerade als ich mich zu fragen begann, wie das freundliche Serviceteam an Bord das wohl elegant lösen würde, kam die Schlussvorstellung mit einem wutentbrannten: „Schatzi-Maus! Das ist doch ein Scheiß – ein Scheiß ist das! Und du bist eine blöde Kuh!"

Stille! Einfach Stille!

Für den Rest des Fluges war kein Pieps und kein Mucks mehr aus dem Kleintierzoo-Areal zu vernehmen.

Ich schwelgte in meinen Bildern, den Farben und Gerüchen. Den Köstlichkeiten auf den bunten Märkten. Die Marktfrauen, die so geschäftig hinter ihren Ständen wachten und lachend ihren Schwatz hielten. Dachte an die alten Männer, die am Sonntagmorgen Boule gespielt hatten, während ihre Frauen sich um Kirche, Enkel und Mittagessen kümmerten. Erinnerte mich leise schmunzelnd an die süßen Japanerinnen, die kreischend vor Entzücken die Auslagen der ganz großen Modelabels belagerten. Und sinnierte in die schier unendliche Pracht der Häuser und Gassen.

Der katalonische Jugendstil, der mir so zauberhaft erschien, mein Herz und meine Seele so sehr berührte und meine Augen unendlich erfreute.

Meine Gedanken trugen mich gleich einem Tanz immer weiter durch die prall gefüllten inneren Räume der verzauberten Erinnerung. Das bunte Treiben am Strand, das Rauschen der Wellen und die unendlichen Bilder der vielen Museen erfüllten mich immer noch. Trugen mich durch die Nacht immer weiter und weiter und schließlich nach Hause.

Irgendwann landete das Flugzeug. Ich zog meine Jacke noch etwas enger um mich, nahm meine Tasche und stieg aus. Schatz und Schatzi-Mausi saßen immer noch in ihren Sesseln – schweigsam, mit starrem Blick und der Platz dazwischen war immer noch frei.

Yoga, Kamasutra und andere Köstlichkeiten

Fröhliches Beisammensein in geselliger Runde birgt unter Umständen manch Heiterkeiten, die nicht immer beabsichtigt sind.

Die Dame des Hauses bekundete ihren Unmut darüber, dass sie sich neben dem Ärgernis eines Wasserschadens in ihrem Wohnzimmer auch noch einen kleinen Eisendraht auf dieser unliebsamen Baustelle in den Fuß gelaufen hatte, der sich partout und trotz aller Anstrengungen und Beweglichkeiten nicht von ihr entfernen lassen wollte. Hilfe war gefragt. Die Nachbarin erwies sich als wenig hilfreich, weil: „Die sieht halt auch nicht mehr so gut!" und selbst war an diesen unliebsamen Gast nicht heran zu kommen.

Also blieb nur der Weg zum Arzt. Dieser zögerte nicht lange, rückte dem Unhold mit Pinzette und Skalpell zu Leibe und befreite die unfreiwillige Trägerin aus ihrer misslichen Lage.

Beglückt saß sie nun am Tisch und berichtete von ihrer Rettung und Erleichterung.

Die Gesellschaft lauschte beeindruckt und der Gatte ließ sich forsch vernehmen: „Du sag` mal: Bist du denn nicht von selbst da dran gekommen – du gehst doch jede Woche in diese komische ausländische Gymnastik, wo sie sich in alle Richtungen verbiegen" – der Herr des Hauses sprach eindeutig von Yoga - „da müsste das doch gehen – du mit deinem Kamasutra immer."

Die Hausherrin wehrte energisch ab und der Tischnachbar zur Rechten erklärte, er hätte auch schon Gymnastik gemacht. Ein Leuchten zog über das Gesicht der Gastgeberin und sie erklärte freudig: „Oh wie schön, dann könnte ich doch mal zu dir kommen und du könntest dieses Kamasutra mit mir machen und mich in alle Richtungen verbiegen. Dann kann ich, dass das nächste Mal ganz alleine."

Woraufhin der Herr zur Rechten plötzlich verstummte und langsam die Farbe ins Rötliche wechselte.

Ich übte mich derweil hoch konzentriert in dezenter Meditation des Musters der weißen Tischdecke, bis der Frontalangriff auf meine Contenance mit dem energischen Satz: „Jetzt sag du doch auch mal was!!!" - dazu kam – und mir blieb nur ein möglichst elegantes: „Nun denn jeder hat so seine Vorlieben …" – um nicht vor Lachen zu platzen.

„Stimmt", meinte da der Herr zur Linken: „Wir waren auch schon Indisch essen und das war gar nicht so schlecht."

Die FleischwolfMaschine

Maria ist der bildhübsche und fast immer wohl gelaunte Sonnenschein in unserem Haus. Die rumänische Perle ist eine Sauber-Zauber-Fee. Ein Glücksfall für unser Haus. Einzig die Sprache spielt unserer Schönheit manchmal einen kleinen Streich. So auch an diesem Tag.

Der Koch, hinter dampfenden Pfannen und Töpfen versunken, ruft durch die Küche: „Maria, geh doch mal runter in den Keller und hol` mir den Fleischwolf!"

Woraufhin Maria entschwindet und für längere Zeit entschwunden bleibt, um schließlich mit geröteten Wangen und völlig außer Atem wieder in der Küche zu erscheinen.

Verdrossen und bestimmt erklärt sie mit ihrem rollenden „R": „Ich habe überall nachgeschaut, in die ganze Keller, im Kühlraum, in die Tiefkühltruhe und ich habe nirgendwo gefunden, die Fleisch von die Wolf!"

Einen Moment der Stille, dann schallendes Gelächter in der Küche und ein verdutztes Gesicht bei Maria. Aufklärung folgt. Das Rätsel ist gelöst. Der Fleischwolf liegt im Regal, schlafend in seiner Box. Maria grummelt schmunzelnd vor sich hin: „Du musst mir sagen, dass du brauchst die FleischwolfMASCHINE" – wobei sie die MASCHINE mächtig betont – „dann kann ich auch finden das Tier in die Regal!" – und widmet sich wieder dem Geschirr.

Allerlei

Nachgedanken

Dieses Buch ist eine kleine Sammlung von Gedichten und Geschichten, die sich im Laufe meines Lebens ein bisschen wie von selbst angesammelt haben.

Ursprünglich war dieser kleine Band ein sehr persönliches Geschenk für einen engen Freund. Er hatte sich diese Sammlung von mir gewünscht, als er an Krebs erkrankte. Längst weilt dieser wunderbare Mensch in anderen Sphären.

Die Erinnerung bleibt.

Über die Autorin

Tatjana Broek ist staatlich anerkannte Heilpraktikerin und begleitet seit über dreißig Jahren Menschen auf ihrem Lebensweg, davon seit mehr als zwanzig Jahren in eigener Praxis. Ihr Wirken umfasst die Körper-, Geist- und Seelenebene. Getreu dem Grundsatz: Der Körper ist Ausdruck unseres Seins. Der Mensch und seine Welt möchten ganzheitlich Betrachtung finden. Ein Teil ihres Erfahrungsschatzes, ein Ausschnitt dieses ganzheitlichen Wirkens, findet in ihren Büchern und den Seminaren des Urius Projektes Ausdruck.

www.tatjana-broek.de

Noch ein bisschen MEHR

Bisher erschienen

URIUS Gedanken eines Engels

1. Auflage 2013

ISBN 978-3-7322-7896-1

2. überarbeitete Auflage 2024

ISBN: 978-9-4037-1474-5

... wenn die Seele wieder fliegt

Alltagstaugliche Spiritualität im Dialog mit Uriel

1. Auflage 2023

ISBN: 978-9-4037-1473-8

URIUS *Gedanken eines Engels*

Uriel sprach:

„Ich bin dein Engel.

Der Ausdruck deines höchsten Seins.

Am Anfang stand die Idee.

Ein großer kosmischer Orgasmus. Lichtimpuls.

Aus dieser Idee hat sich alles manifestiert.

Hast du nicht vor kurzem selbst erklärt,

nur 1% des Universums ist Materie und 99% sind Antimaterie?!

So gesehen seid ihr die Engel, die Besonderheit.

Materie. Fleischgewordene Lichtgestalten."

Sind wir wirklich ‚Fleischgewordene Lichtgestalten',

die schlicht ihre Bestimmung vergessen haben?

Wesen, die darauf warten, aus dem Dornröschenschlaf des Menschseins erweckt zu werden, um im materialisierten Engelsein zu erwachen?!

Vielleicht.

URIUS Gedanken eines Engels

ist die Geschichte einer Begegnung von Engel und Mensch.

Während eines Stille-Retreats erlebt Elena die intensive Begegnung mit Uriel, dem Engel.

Uriel öffnet ihr den Weg zum Planeten Urius und eine Zeit eindringlicher Unterweisungen beginnt. Monate, gefüllt mit Meditationen und Gesprächen.

Ein Engelweg.

Himmlische Antworten auf irdische Fragen, die ins Leben tragen.

URIUS Gedanken eines Engels

Erweiterte Auflage 2024 ~ ISBN: 978-9-4037-1474-5

... wenn die Seele wieder fliegt

Alltagstaugliche Spiritualität im Dialog mit Uriel

... wenn die Seele wieder fliegt,

ist kein Reiseführer zu den Traumzielen dieser Erde.

Alltagstaugliche Spiritualität begleitet die Reise zu uns selbst. Elena spricht mit Engeln und die Kosmische Intelligenz antwortet. Witzig. Charmant. Tiefgründig. Liebevoll.

Universum trifft Leben. Himmlische Antworten auf irdische Fragen nach Lebenserfüllung und Sinn. Wie will ich leben?

Wer bin ich? Und wer will ich sein? Warum ist die Welt so wie sie ist?

Der Kosmos von Engel und Mensch.

In Zeiten, in denen Künstliche Intelligenz einen immer größeren Raum einnimmt, wird die Frage nach unserem Daseinszweck und Lebenssinn immer präsenter. Wenn wir uns immer weniger über unser Tun definieren können und dafür immer mehr über unser Sein, was bleibt uns dann zu tun und zu sein?

Wir haben unendliches Potenzial!

Im Dialog mit Erzengel Uriel Perspektivenwechsel wagen und dafür erfrischende Einsichten gewinnen.

Weisheit und Inspiration für ein glücklicheres Leben und beseelte Gelassenheit.

Das Universum hat nichts dagegen, wenn wir uns die Welt

schön und glücklich gestalten.

Kannst du dir vorstellen, dass deine Seele wieder fliegt?

Dieses Buch kann dein Leben verändern!

... wenn die Seele wieder fliegt

Alltagstaugliche Spiritualität im Dialog mit Uriel

ISBN: 978-9-4037-1473-8

Tatjana Broek

... wenn
die Seele wieder fliegt

Alltagstaugliche Spiritualität
im Dialog mit Uriel

Vision ~ im Werden

Medinare by Tatjana Broek

Meditation ~ Seminar ~ Webinar

Das Urius Projekt verbindet Buch, Meditation und Seminar.

Die Medinare tragen direkt in das Wirken von Tatjana Broek und Uriel hinein.

Sie bieten die Möglichkeit, begleitend zu den Erfahrungsräumen, die in den Büchern aufgezeigt werden, tiefer in die Wege der Kosmischen Intelligenz einzutauchen.

Über die von Uriel gegebenen Meditationen und Übungen eröffnen sich Lebensräume und Potenziale.

Zeit für Perspektivenwechsel. Raum für alltagstaugliche Spiritualität.

Zeit für beseelte Gelassenheit. Raum für wahrhaftiges Leben.

Einfach Sein.

Weitere Informationen zu den Medinaren, Podcasts, Videos bei Youtube und allen anderen Aktivitäten von Tatjana Broek so wie das URIUS Projekt gibt es bei www.urius.de

QR-Code scannen und weiter schwelgen 😌

Wir wünschen viel Vergnügen und freuen uns über einen Besuch auf unseren Webseiten

www.tatjana-broek.de & www.urius.de